Les anciens habitants de la Terre

Les anciens habitants

Millicent Selsam
Illustrations de Jennifer Dewey
Texte français de Christiane Duchesne

de la Terre

Scholastic-TAB Publications Ltd.
123, Newkirk Road, Richmond Hill, Ontario, Canada

À Jim,
M.E.S.

Pour E.K.A.,
J.D.

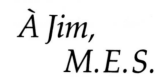

ISBN 0-590-73231-5

Titre original : Strange Creatures That Really Lived

Édition publiée par Scholastic-TAB Publications Ltd., 123, Newkirk Road, Richmond Hill, Ontario, Canada L4C 3G5.

4321   Imprimé aux États-Unis   89/801234/9

Il y a toujours eu sur notre planète de bien étranges animaux.

Certains, comme les dinosaures,
vivaient sur la terre.

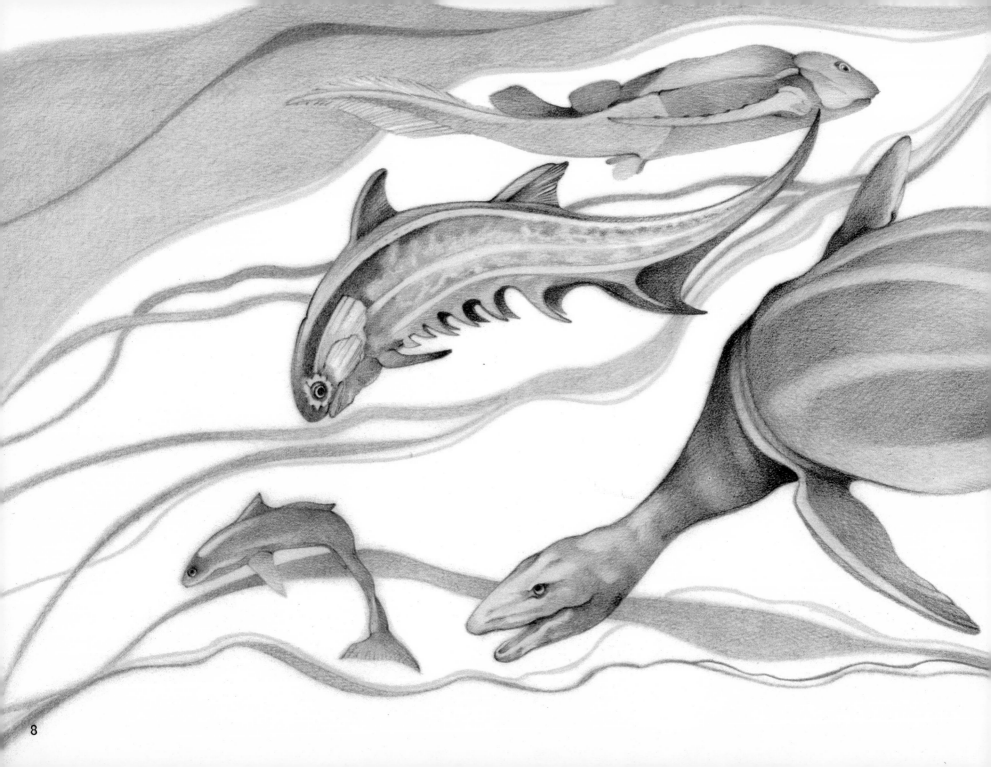

De bien curieuses bêtes vivaient dans la mer.
Quelques-unes ressemblaient à des poissons,
d'autres à des lézards.
D'autres encore avaient l'air de tortues
à très long cou.

Il y avait aussi de singuliers animaux volants.

Un des plus gros animaux ailés portait le nom de *ptéranodon*.
Il avait l'air d'une gigantesque chauve-souris dont les ailes
semblaient faites de cuir.
Il pouvait piquer en vol plané vers la mer pour attraper,
grâce à son long bec, des poissons de surface.
Il y a de cela soixante-dix millions d'années.

D'autres animaux tout aussi étranges
vivaient à cette époque-là.
L'archélon par exemple, la plus grosse tortue
qui ait jamais existé, mesurait presque
quatre mètres, la longueur d'une automobile!
Il pesait presque trois tonnes.
Il avait un bec crochu et d'énormes nageoires.
On a retrouvé des squelettes d'archélons
dans le Dakota Sud, aux États-Unis.
Il y a vingt-cinq millions d'années,
cette partie du globe était entièrement
submergée et c'est dans cette vaste mer
intérieure que vivaient les archélons.

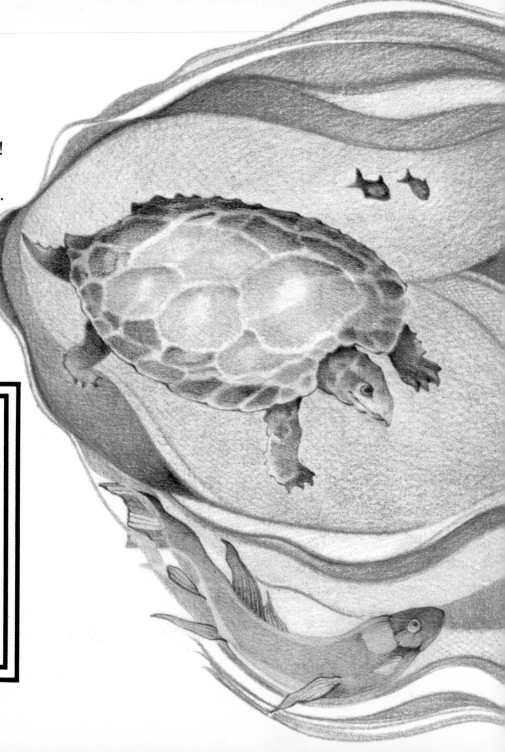

Longueur d'une ''coccinelle'' VW :
3,9 mètres

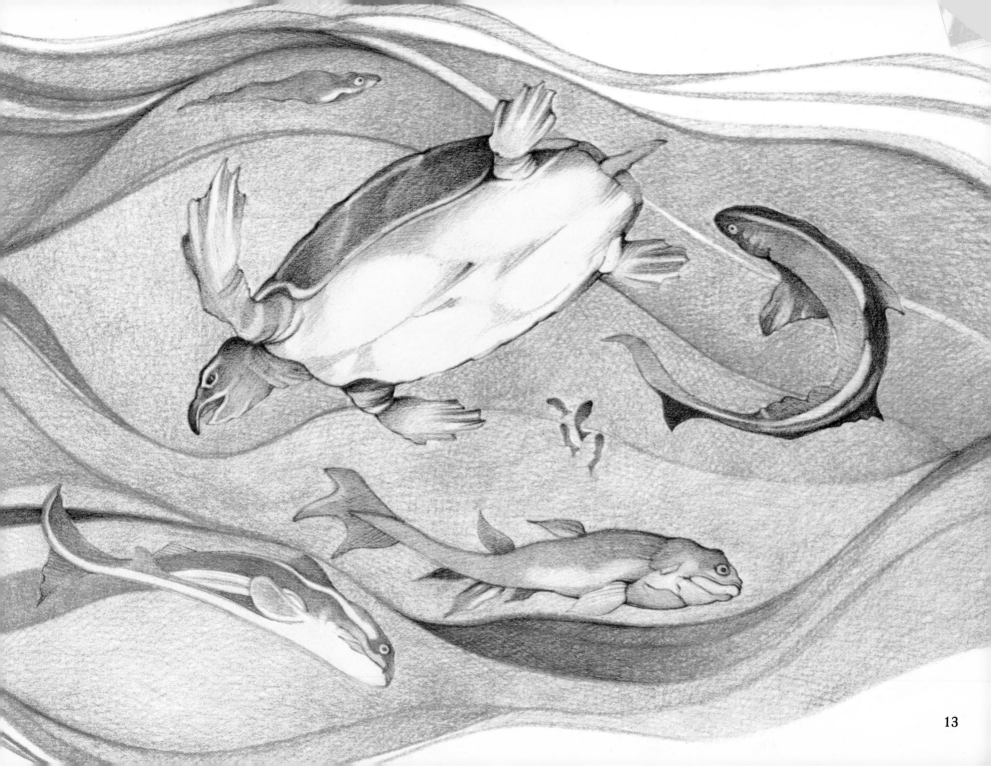

Voici un animal étonnant, le *crocodile géant*,
plus long qu'un autobus scolaire.
Il y a deux cents millions d'années, il errait
dans les marécages et rôdait le long des rivières
un peu partout sur la Terre.
Il attrapait n'importe quel animal qui osait
s'approcher du rivage.
Les crocodiles d'aujourd'hui auraient l'air
de petits nains à côté de ce grand animal
qui mesurait quinze mètres de longueur.

Vivait alors aussi l'*archéoptéryx*.
On aurait dit un petit dinosaure à plumes.
Est-ce que ce fut le premier oiseau de la planète?
Certains chercheurs le croient.
Les archéoptéryx vivaient il y a de cela quarante millions d'années.
Ils avaient des ailes recourbées et une queue.
Ils avaient également des dents. Les oiseaux d'aujourd'hui
en sont totalement dépourvus.
Savaient-ils voler? Planaient-ils plutôt d'un arbre
à l'autre? On ne le sait pas.
On croit toutefois que l'archéoptéryx
serait le chaînon manquant entre
le reptile et l'oiseau.

Six cornes sur la tête!
Qui pouvait bien en posséder autant?
Un bizarre dinosaure appelé *uintathérium*.
Aussi gros qu'un éléphant, il avait des dents pointues
qui lui donnaient un air menaçant.
Mais les savants ont découvert qu'il était végétarien.
Il y a soixante millions d'années, il parcourait
les grandes plaines de l'Ouest américain.

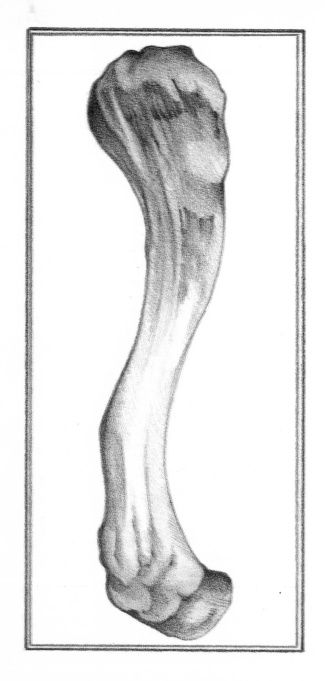

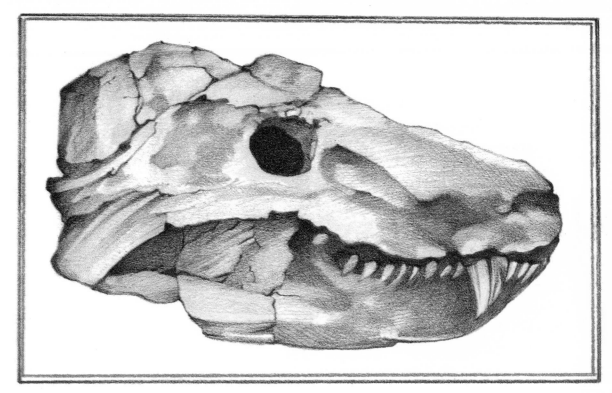

De gigantesques animaux vivaient aussi
en Amérique du Sud.
Il y a une centaine d'années, un grand savant du nom
de Charles Darwin a découvert des ossements
de ces formidables bêtes.
D'autres savants sont parvenus à assembler ces os
et ont pu enfin avoir une idée
de quoi ces animaux avaient l'air.

Parmi ces grands animaux, on trouve
le *paresseux géant* qui ressemblait
à une sorte de gros ours à poil long.
Il était aussi grand qu'un poteau de téléphone.
Ses dents plates nous prouvent qu'il était végétarien.
Les chercheurs ont déduit qu'il faisait plier
les troncs d'arbres pour atteindre le feuillage
des branches supérieures.
Le paresseux géant n'existe plus.
Le dernier d'entre eux a disparu il y a environ
un million d'années.
Mais ses cousins vivent encore
en Amérique Centrale et en Amérique du Sud;
ce sont les paresseux, ces grands lambins
qui s'accrochent au sommet des arbres
et qui s'y installent la tête en bas.

Cet animal s'appelait le *smilodon*. Avec ses dents pointues
comme des dagues, il immobilisait sa proie avant de la tuer.
Il y a cinquante mille ans, plusieurs de ces félins
furent emprisonnés dans des nappes de goudron.
Leur chair a pourri mais leurs ossements
se sont très bien conservés.

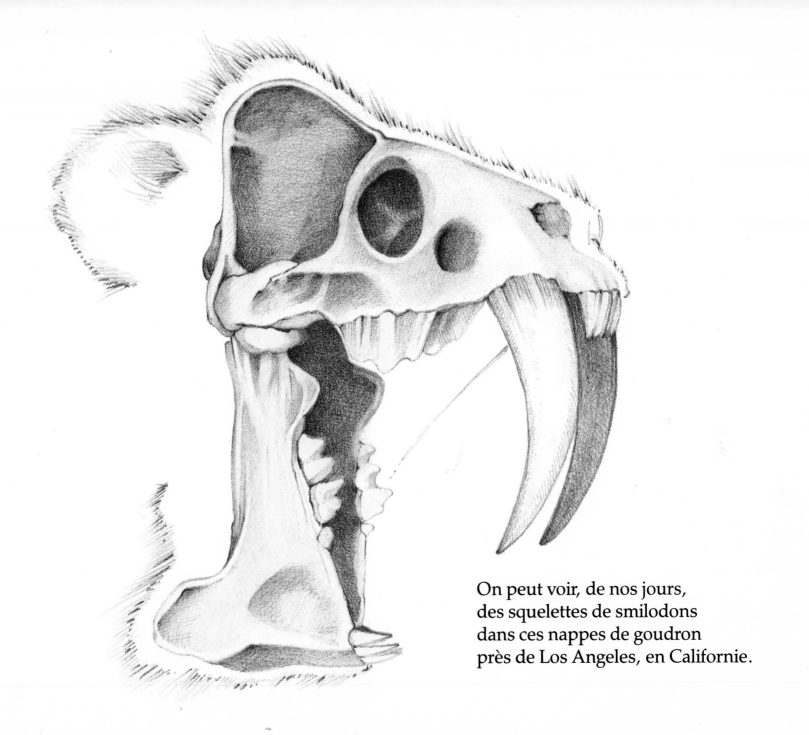

On peut voir, de nos jours,
des squelettes de smilodons
dans ces nappes de goudron
près de Los Angeles, en Californie.

Il y a environ vingt millions d'années,
vivait un animal nommé *camélus*.
Il ressemblait à un chameau, avec un très long cou
comme celui de la girafe. Pas étonnant
qu'on l'ait appelé le "chameau-girafe".
Comme la girafe que nous connaissons aujourd'hui,
ce chameau se nourrissait de feuilles d'arbres.
Avait-il une bosse? Nous ne le savons pas.
Aucun indice ne nous permet de percer le mystère.

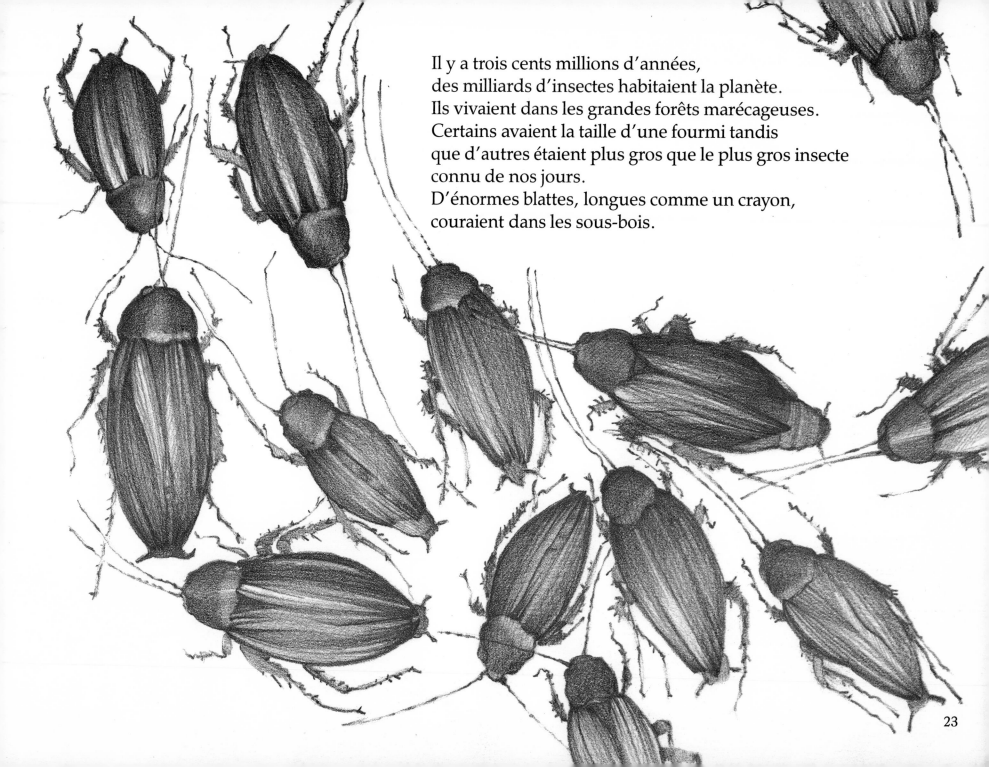

Il y a trois cents millions d'années,
des milliards d'insectes habitaient la planète.
Ils vivaient dans les grandes forêts marécageuses.
Certains avaient la taille d'une fourmi tandis
que d'autres étaient plus gros que le plus gros insecte
connu de nos jours.
D'énormes blattes, longues comme un crayon,
couraient dans les sous-bois.

Les gigantesques libellules
qui survolaient les forêts
étaient grandes comme
des cerfs-volants.

Beaucoup plus tard, il y a quarante à cinquante
millions d'années, apparurent sur la Terre
de grandes forêts de conifères.
La résine de ces arbres coulait par des fissures
de l'écorce et des quantités d'insectes
s'y trouvaient pris.
Lorsque la résine durcit, elle se transforme
en ambre clair et les insectes qui y sont
emprisonnés ont encore
l'air vivants aujourd'hui.
Mais bien sûr, ils ne le sont pas!

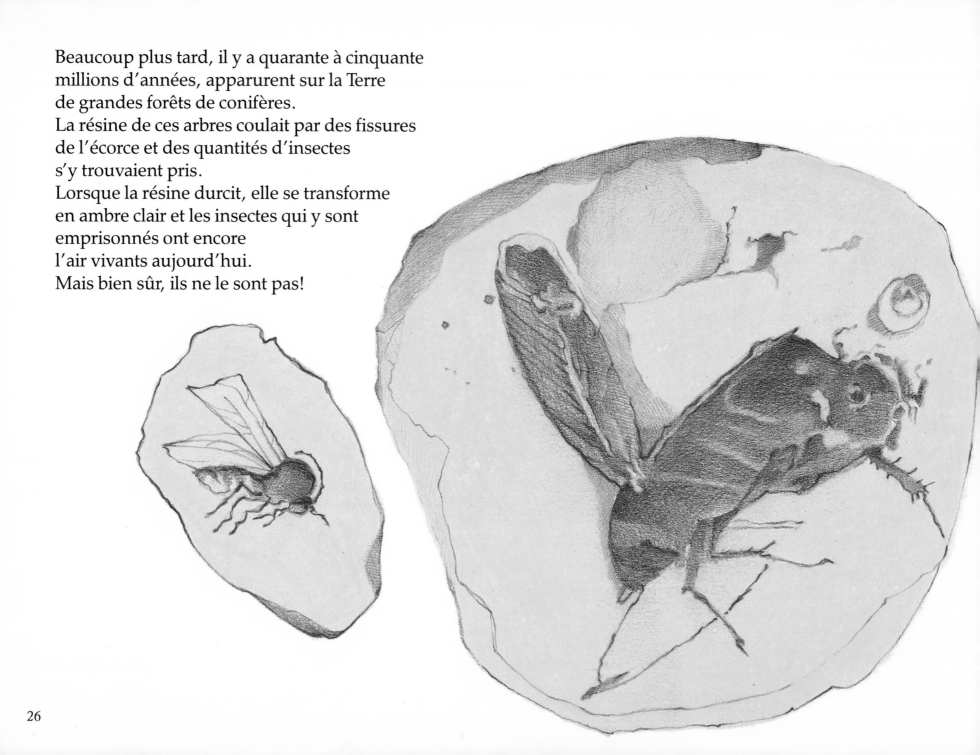

En 1922, des chercheurs partis en expédition
dans le désert de Gobi ont découvert les ossements
d'un animal énorme qui aurait vécu
il y a vingt ou trente millions d'années.
Il ressemblait à un rhinocéros sans cornes.
Les rhinocéros d'aujourd'hui portent tous des cornes.
On lui a donné le nom de *baluchithérium*
ou "bête du Baluchistan", car c'est au Baluchistan
que le premier fut découvert.

Le baluchithérium était gros comme
une petite maison, mesurait onze mètres
du museau à la queue et six mètres de hauteur.
Il se déplaçait en troupeaux à travers les plaines d'Asie.
Il était plus grand qu'une girafe et beaucoup plus lourd.
Et comme la girafe, il pouvait atteindre le feuillage
des branches les plus hautes.
Il n'avait qu'à s'étirer pour manger les brindilles,
les feuilles et les fleurs qui poussaient
à six ou sept mètres du sol.

Il y a à peine trois cents ans, vivait encore sur la Terre
un drôle d'animal qu'on appelait le *dodo*.
Gros comme une dinde, le dodo se dandinait
sur ses pattes courtes et trapues.
Il avait un bec crochu, long d'une vingtaine de centimètres.
Ses ailes étaient si courtes qu'il lui était impossible de voler.
Les dodos vivaient dans les îles de l'Océan Indien.
Lorsque les bateaux y faisaient escale, les matelots
tuaient les dodos pour les manger et laissaient sur les îles
des rats ou des porcs qui mangeaient les oeufs
des dodos ainsi que leurs petits.
C'est pour cela qu'aujourd'hui, il n'existe plus
un seul dodo sur notre planète.

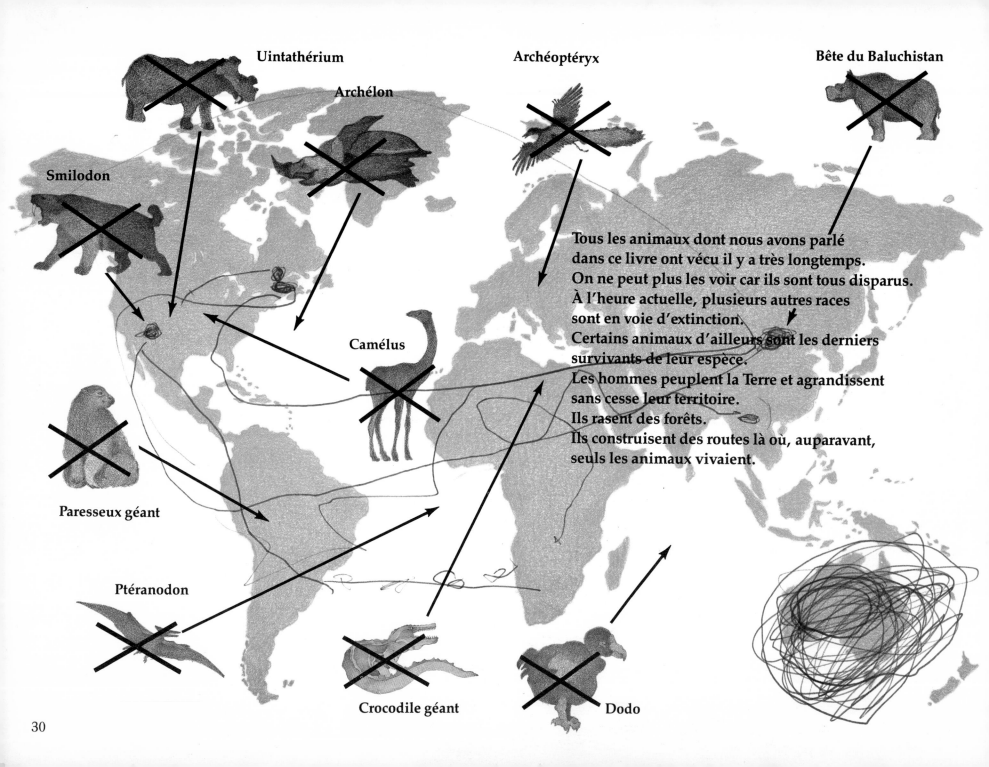

Uintathérium

Archélon

Archéoptéryx

Bête du Baluchistan

Smilodon

Camélus

Tous les animaux dont nous avons parlé
dans ce livre ont vécu il y a très longtemps.
On ne peut plus les voir car ils sont tous disparus.
À l'heure actuelle, plusieurs autres races
sont en voie d'extinction.
Certains animaux d'ailleurs sont les derniers
survivants de leur espèce.
Les hommes peuplent la Terre et agrandissent
sans cesse leur territoire.
Ils rasent des forêts.
Ils construisent des routes là où, auparavant,
seuls les animaux vivaient.

Paresseux géant

Ptéranodon

Crocodile géant

Dodo

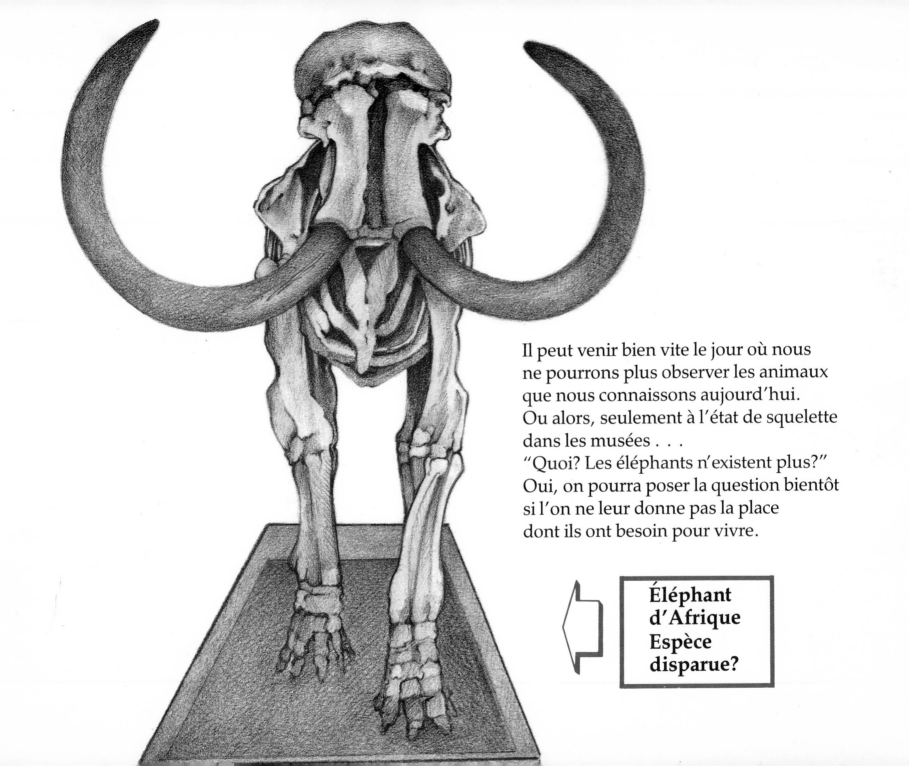

Il peut venir bien vite le jour où nous
ne pourrons plus observer les animaux
que nous connaissons aujourd'hui.
Ou alors, seulement à l'état de squelette
dans les musées . . .
"Quoi? Les éléphants n'existent plus?"
Oui, on pourra poser la question bientôt
si l'on ne leur donne pas la place
dont ils ont besoin pour vivre.

Éléphant
d'Afrique
Espèce
disparue?

Liste des animaux illustrés

(de gauche à droite dans l'illustration)

Page	Nom	Époque (avant J.-C. sauf dans le cas du dodo)	Région
Couverture	Ptéranodon	70 millions	toute la Terre
	Archélon	25 millions	mers d'Amérique du Nord
Dos de la couverture	Dinichthys	395 millions	Amérique du Nord, Europe
Page 1	Anchisaure	200 millions	toute la Terre
Page 2	Smilodon	50 000 ans	sud-ouest de l'Amérique du Nord
Page 3	Ptéranodon	(voir couverture)	
	Hypsilophodon	120 à 140 millions	Amérique du Nord, Europe
Page 4	Fabrosaure	140 millions	Afrique
Page 5	Spinosaure	100 millions	Europe, Afrique, Amérique du Nord
	Stégosaure	140 millions	Amérique du Nord
Page 6	Brontosaure	140 millions	Amérique du Nord
Page 7	Camptosaure	140 millions	Europe de l'Ouest, nord-ouest de l'Amérique du Nord
Pages 8-9	Cladosélache	345 millions	tous les océans
	Climatius	345 millions	océans de l'hémisphère nord
	Bothriolépis	345 millions	tous les océans
	Pléiosaure	65 à 100 millions	tous les océans
	Chéirolépis	345 millions	tous les océans
	Céphalaspis	345 millions	océans de l'hémisphère nord

Page	Nom	Époque (avant J.-C. sauf dans le cas du dodo)	Région
Pages 10-11	Ptéranodon	(voir couverture)	
Pages 12-13	Archélon	(voir couverture)	
	Cladosélache	(voir pages 8-9)	
	Eusthénoptéron	345 millions	océans de l'hémisphère nord
Page 14	Crocodile géant	140 millions	Europe, Afrique
Page 16	Archéoptéryx	140 millions	Europe
Page 17	Uintathérium	60 millions	Amérique du Nord
Page 19	Mégathérium	1 million	sud-ouest de l'Amérique du Nord
Page 20	Smilodon	(voir page 2)	
Page 22	Camélus	20 millions	Amérique du Nord
Page 23	Blatte géante	300 millions	toute la Terre
Pages 24-26	Libellule géante	40-50 millions	toute la Terre
	Coléoptère géant	40-50 millions	toute la Terre
Pages 27-28	Baluchithérium	20-30 millions	déserts de l'Asie
Page 29	Dodo	17e siècle de notre ère	îles de l'Océan Indien
Page 32	Ptéranodon	(voir couverture)	